A CESTA de DONA MARICOTA

TATIANA BELINKY

Ilustração: Martinez

Paulinas

Dados Internacionais de Catalogação na Publicação (CIP)
(Câmara Brasileira do Livro, SP, Brasil)

Belinky, Tatiana
A cesta de Dona Maricota/Tatiana Belinky ; ilustração Martinez. – 14.ed. – São Paulo : Paulinas, 2012. – (Coleção sabor amizade. Sérire com-fabulando)

ISBN 978-85-356-3048-0

1. Literatura infantojuvenil 2. Martinez I. Título II. Série.

12-00997 CDD-028.5

Índices para catálogo sistemático:
1. Literatura infantil   028.5
2. Literatura infantojuvenil 028.5

Revisado conforme a nova Ortografia

14ª edição – 2012
21ª reimpressão – 2025

Nenhuma parte desta obra pode ser reproduzida ou transmitida por qualquer forma e/ou quaisquer meios (eletrônico ou mecânico, incluindo fotocópia e gravação) ou arquivada em qualquer sistema ou banco de dados sem permissão escrita da Editora. Direitos reservados.

Cadastre-se e receba nossas informações
paulinas.com.br
Telemarketing e SAC: 0800-7010081

Paulinas
Rua Dona Inácia Uchoa, 62
04110-020 – São Paulo – SP (Brasil)
(11) 2125-3500
editora@paulinas.com.br
© Pia Sociedade Filhas de São Paulo – São Paulo, 1992

A CESTA DE DONA MARICOTA

TATIANA BELINKY

Ilustração: Martinez

Dona Maricota,
Boa cozinheira,
Voltou com a cesta
Cheinha da feira:

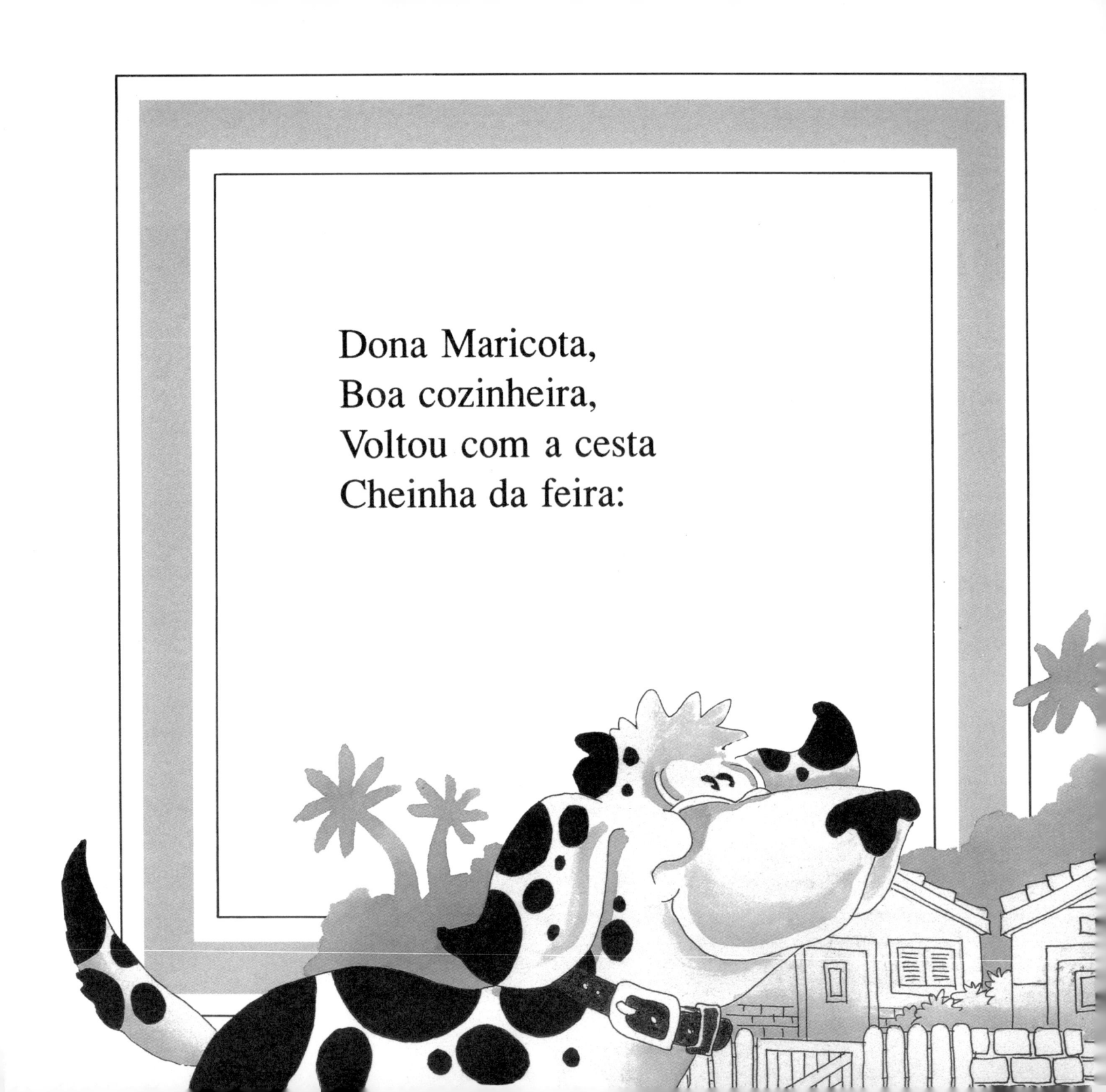

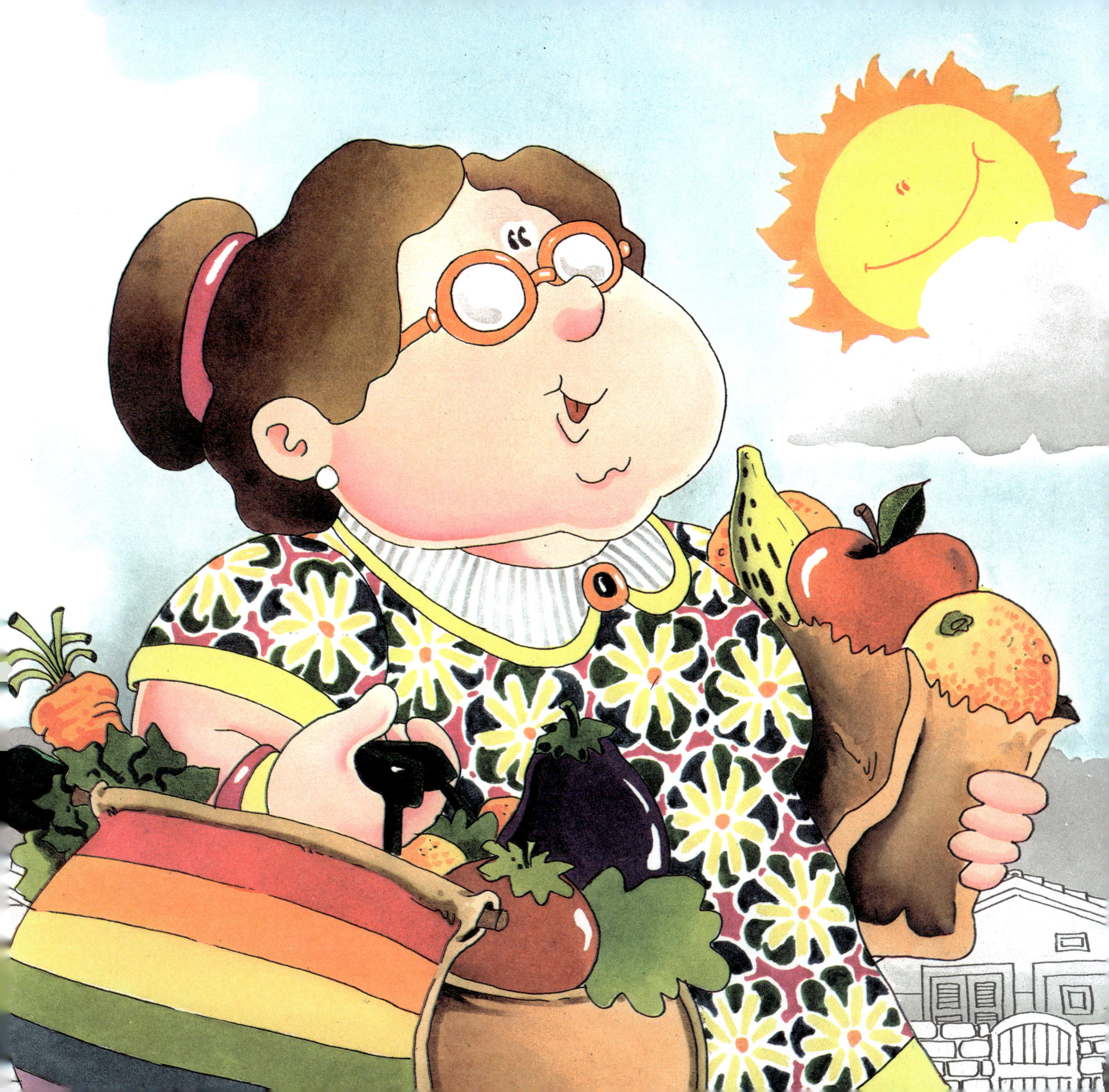

Cenoura, laranja,
Pepino e limão,
Banana e milho,
Ervilha e mamão.

Moranga, espinafre,
Tomate e cebola,
Alface, palmito,
Maçã e escarola.

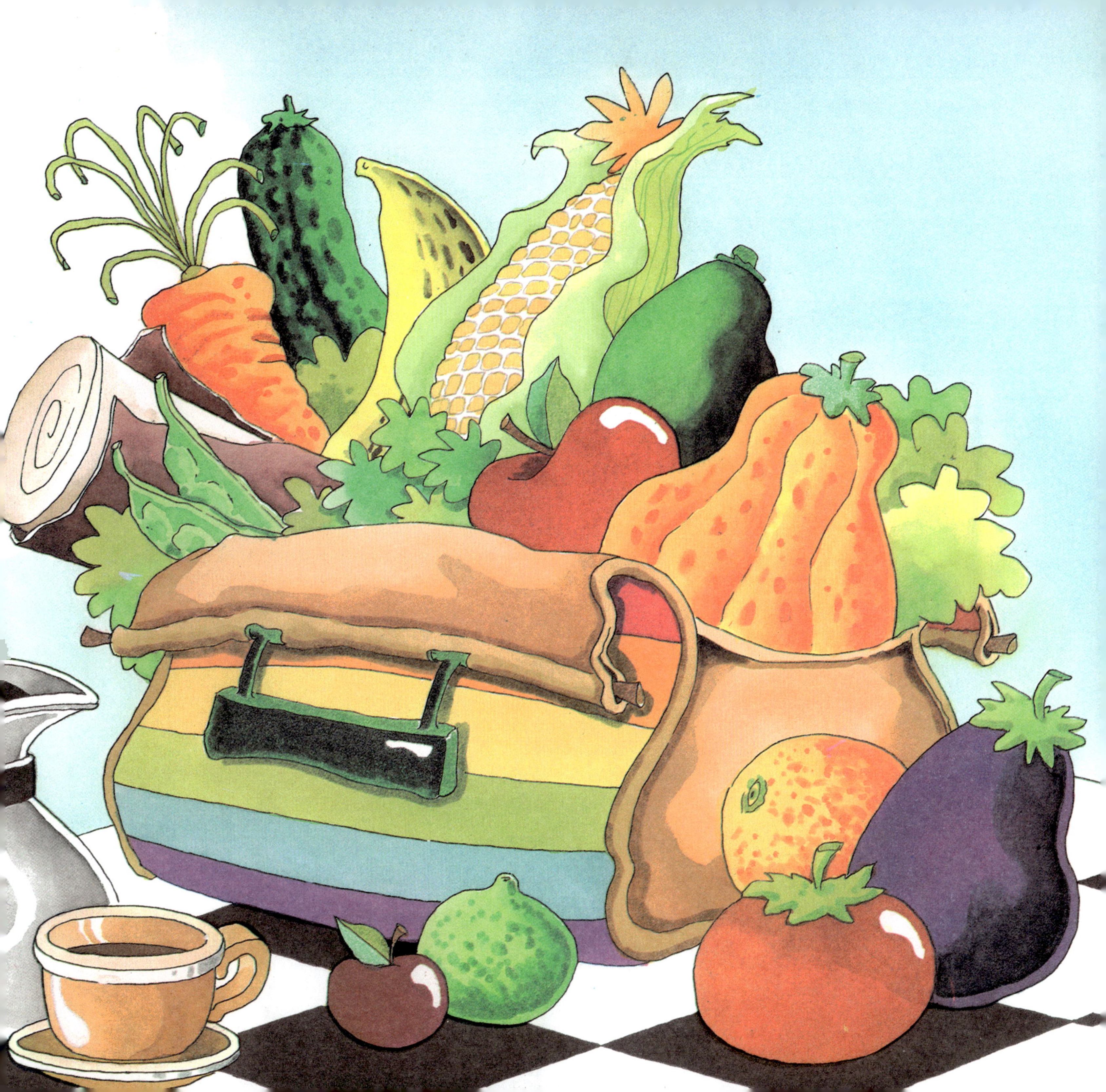

Guardou na despensa
E na geladeira,
E deu um suspiro
Ufa! que canseira!

E foi descansar.

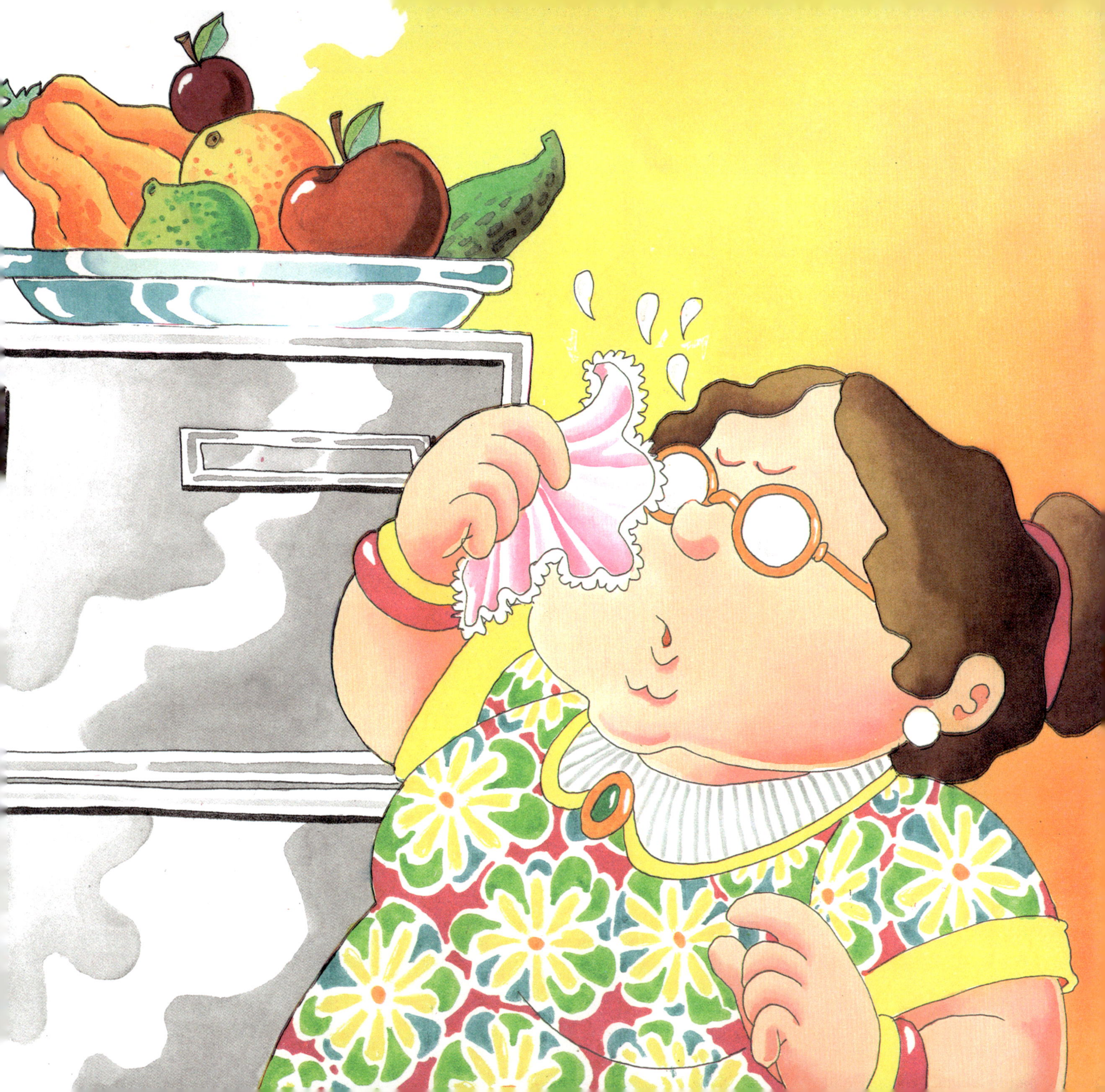

Então essas verduras,
Legumes e frutas
Fresquinhas, maduras,

Todos animados
Depois da viagem,
Puseram-se logo
A contar vantagem:

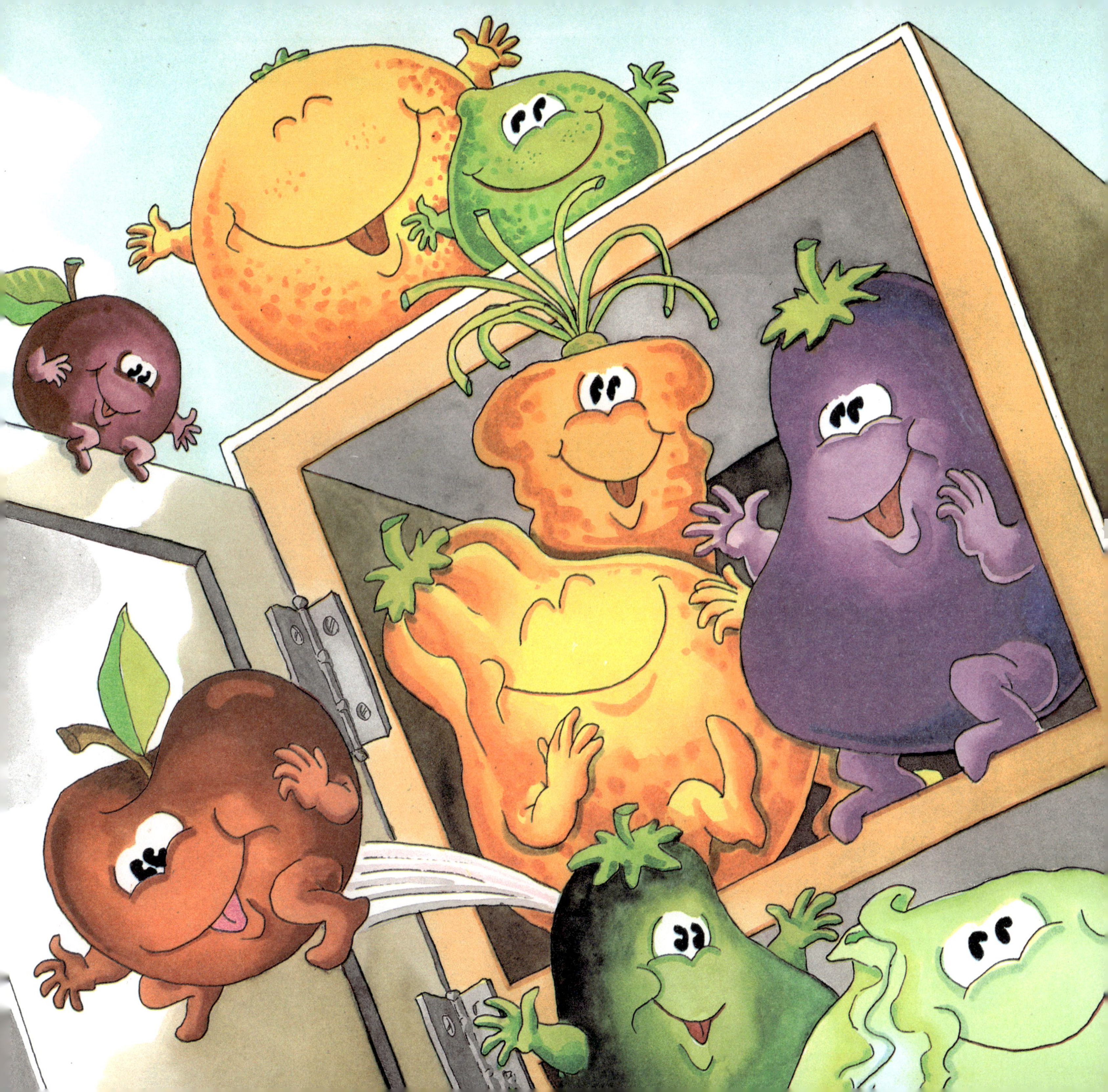

O Milho falou:
Olhem, sou o mais belo!
Sou louro, gostoso
E tão amarelo!

O belo sou eu,
Declarou o Tomate.
Não mais do que eu,
Contestou o Abacate.

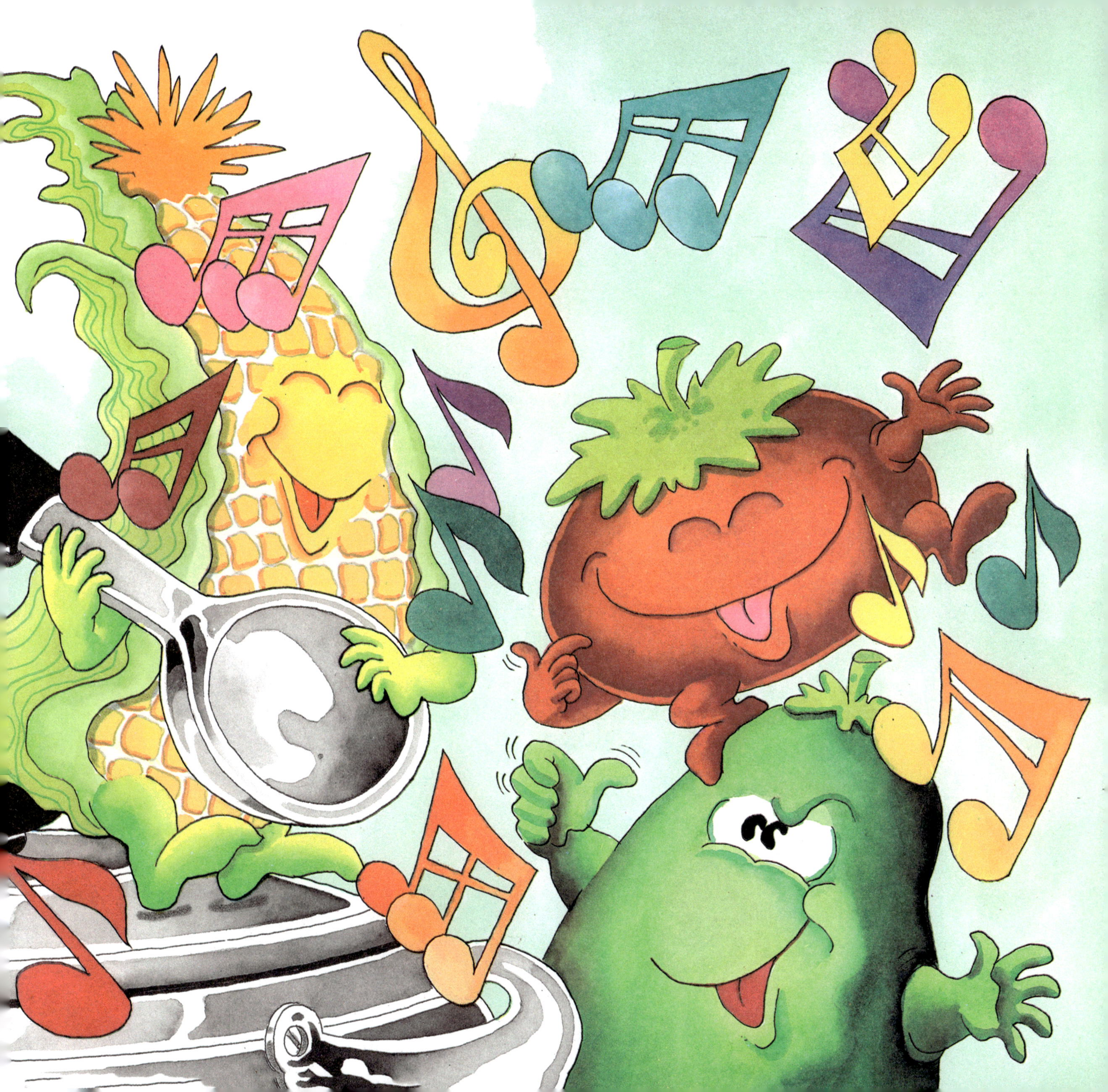

Pois olhem pra mim!
Provocou o Palmito.
Sou branco e macio,
Eu sou o mais bonito!

Então a Laranja
Falou, bem amável:
Melhor que bonita,
Eu sou é saudável.

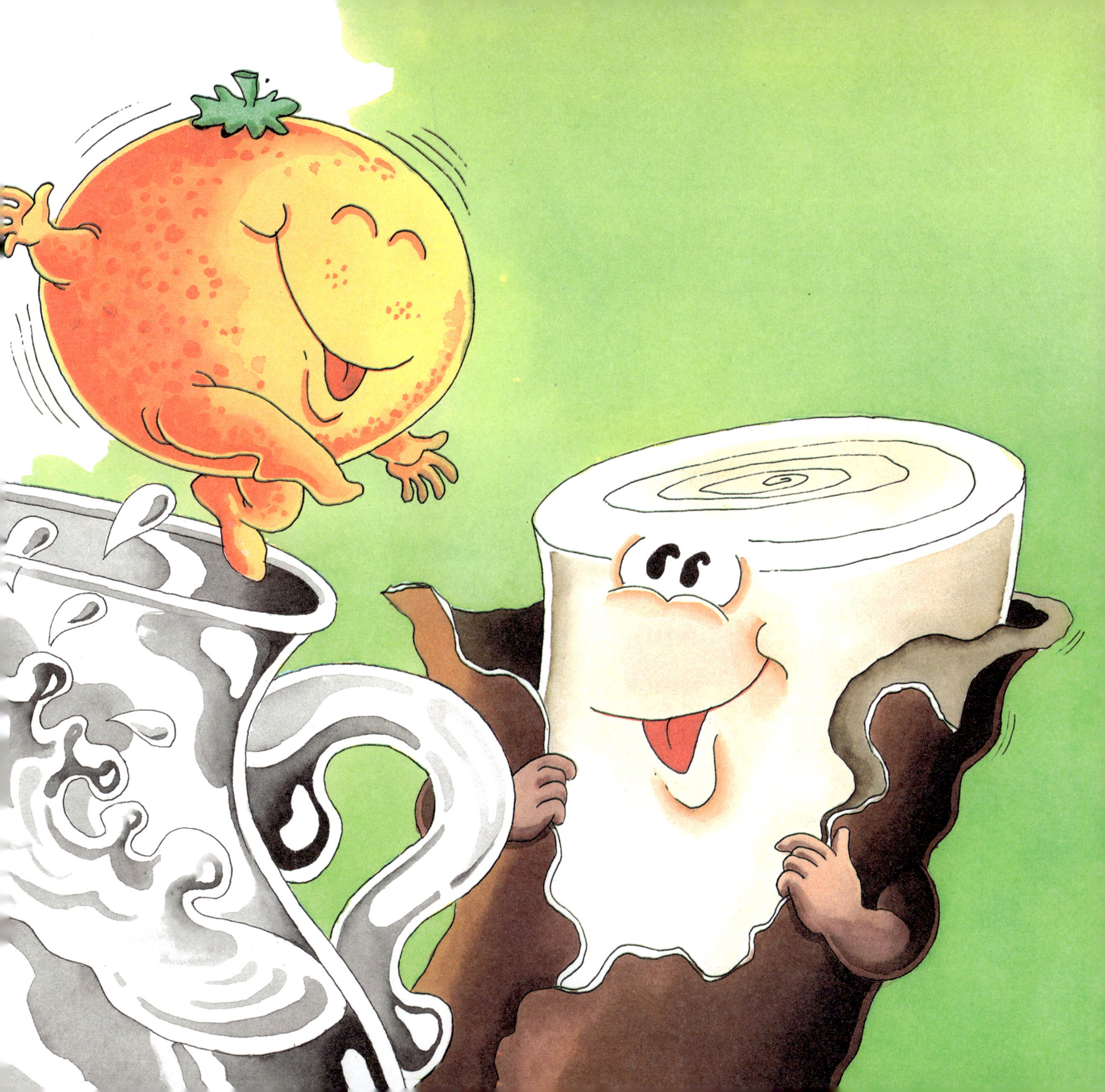

E logo o Espinafre
Gritou: Não tem erro!
Sou verde e saudável,
Sou cheio de ferro!

Falou a Cebola:
Aqui, atenção!
Saudável sou eu:
Boa pro coração!

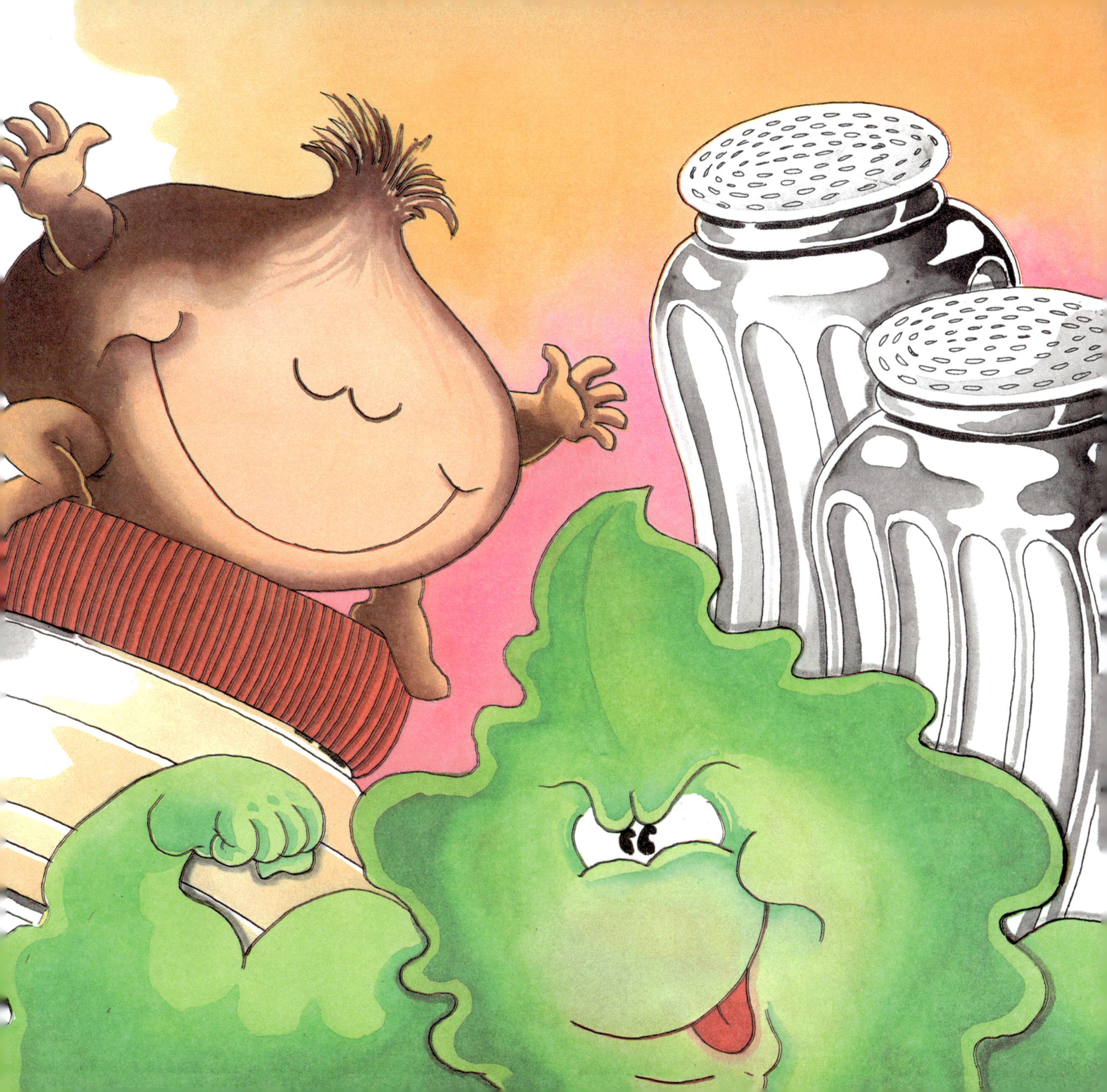

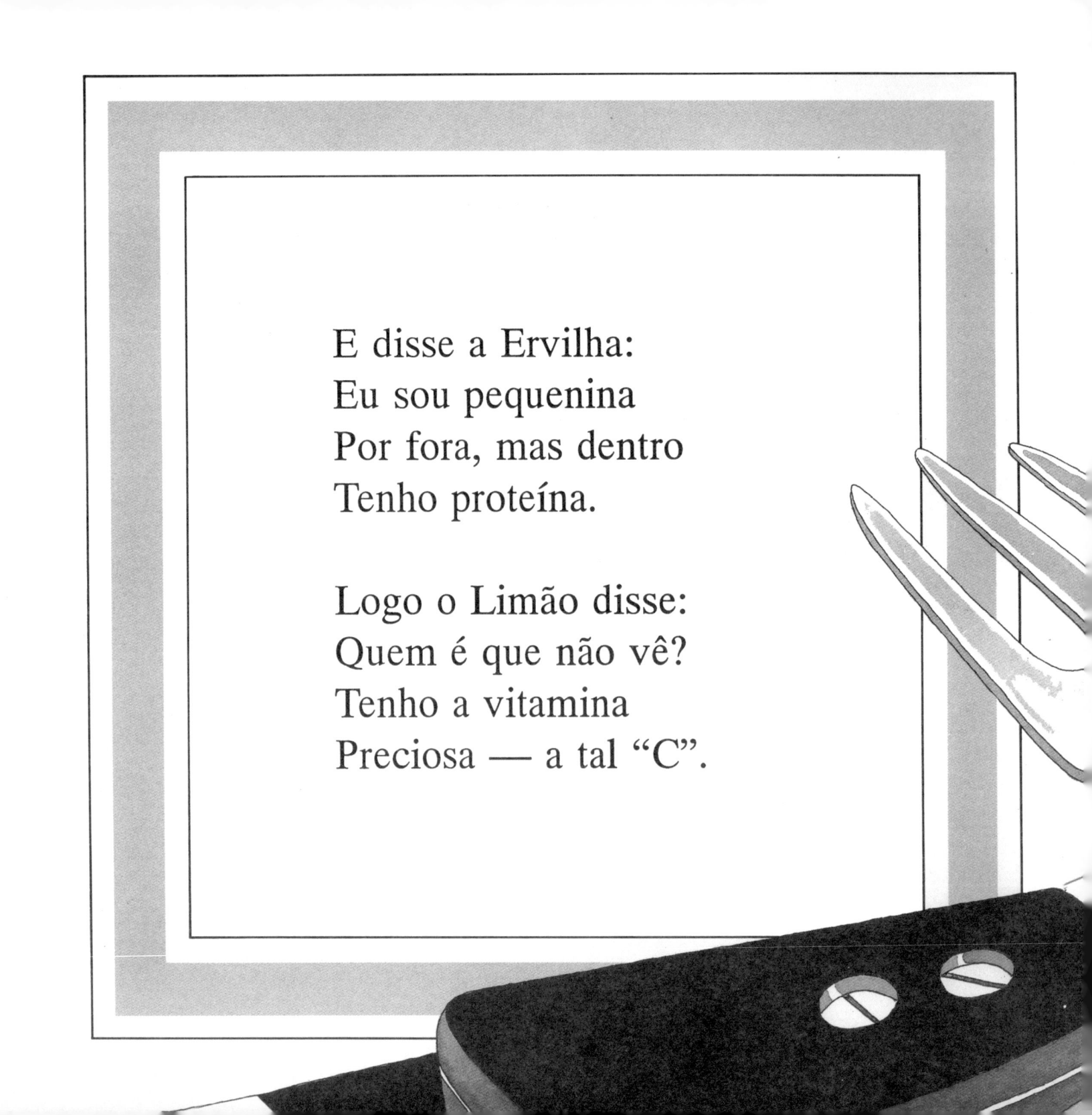

E disse a Ervilha:
Eu sou pequenina
Por fora, mas dentro
Tenho proteína.

Logo o Limão disse:
Quem é que não vê?
Tenho a vitamina
Preciosa — a tal "C".

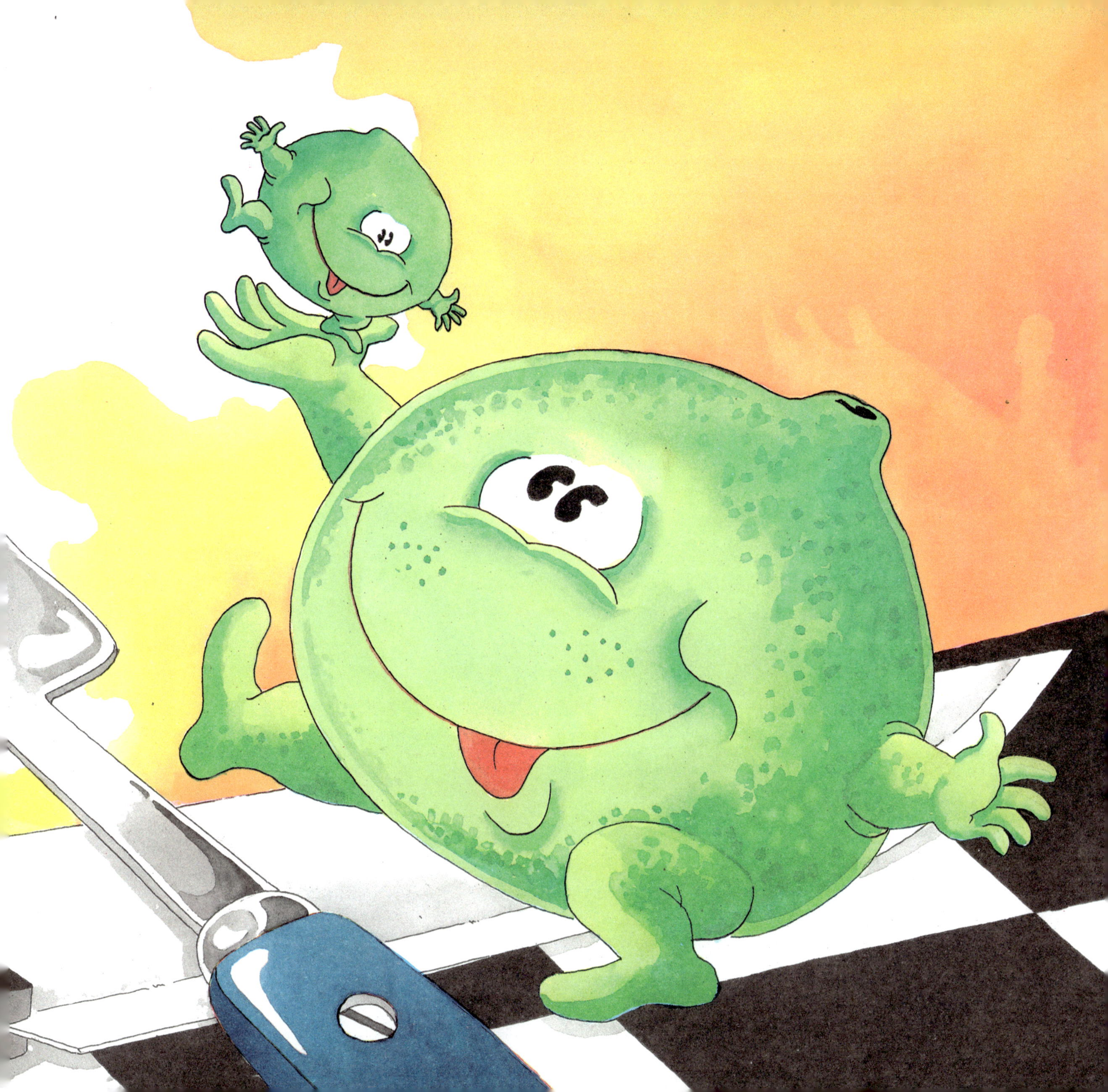

Mas nisto aparece
Dona Maricota,
E as frutas gostosas
Viraram… compota!

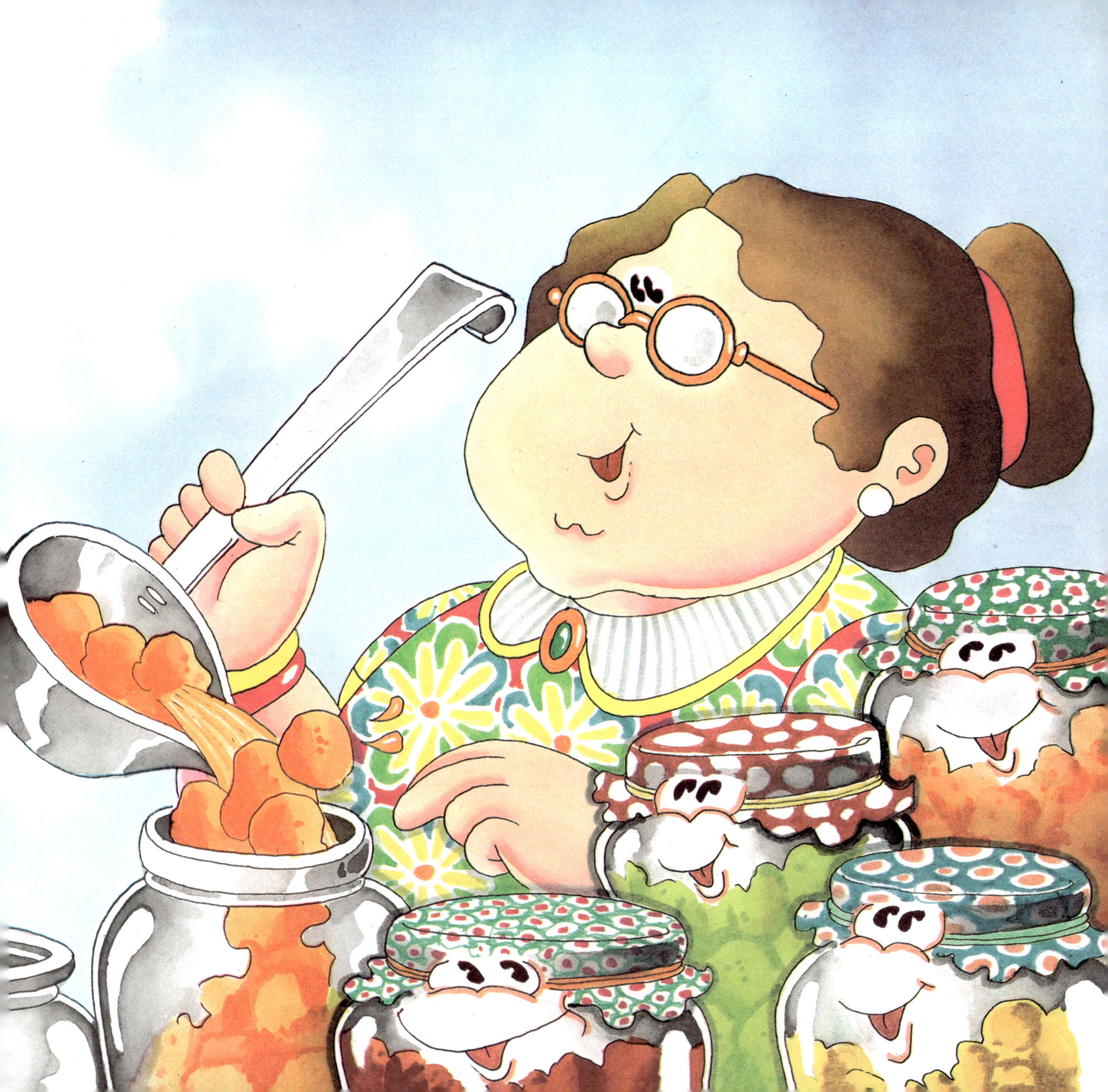

E os belos legumes,
Em toda a sua glória,
Viraram sopão!
E acabou-se a história.

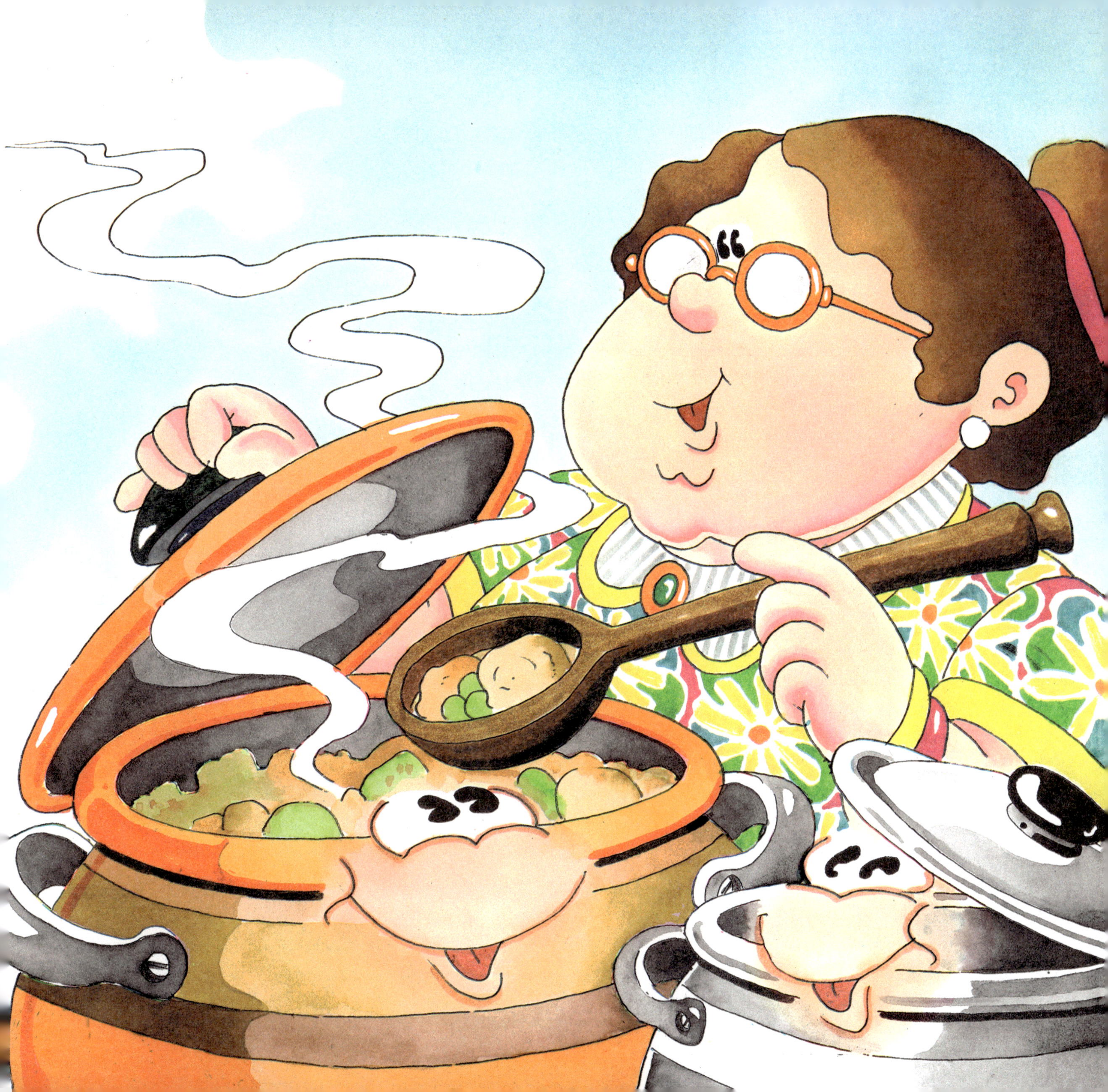

Paulinas

Rua Dona Inácia Uchoa, 62
04110-020 – São Paulo – SP (Brasil)
Tel.: (11) 2125-3500
paulinas.com.br – editora@paulinas.com.br
Telemarketing e SAC: 0800-7010081